Altlivlands Deutschtum

Ein Vortrag

von

Bernhard Höhlbaum

Leipzig
Verlag von Duncker & Humblot
1911

Alle Rechte vorbehalten.

Altenburg
Pierersche Hofbuchdruckerei
Stephan Geibel & Co.

Vorwort.

Auf Anregung und Wunsch einiger tiroler Freunde entschloß ich mich, diesen Vortrag in Druck zu geben; es geschieht zum Besten der Ortsgruppe Innsbruck des Luther= vereins zur Erhaltung der deutschen evangelischen Schulen in Österreich.

Ein Bedenken gegen eine Veröffentlichung war mir der Umstand, daß bei Abfassung dieses vor einer österreichischen Zuhörerschaft zu haltenden Vortrages ich genötigt war — zumal im geschichtlichen Teile — manches anzuführen, was dem Kenner der reichen baltischen Literatur in Deutsch= land nicht mehr fremd ist. Auf der andern Seite aber mußte ich zugeben, daß mein Vortrag weit mehr als die erwähnten Veröffentlichungen die Geschehnisse und die wichtige innere Entwicklung auch der jüngsten Gegenwart — soweit solches möglich — berücksichtigt, und vor allem, daß er das neue deutsche Vereinswesen in Altlivland an einem Musterbeispiele behandelt, wie solches meines Wissens auch außerhalb der baltischen Provinzen überhaupt noch nicht geschehen ist, — daß er aus diesen wesentlichen Gründen daher wohl ein Recht hat, auch weiteren Kreisen bekannt zu werden als meiner teilnehmenden Zuhörerschaft vom 14. Oktober.

Ich hielt ihn bei der ersten größeren und allgemeinen Veranstaltung unserer jungen Ortsgruppe Innsbruck des Luthervereins. Daher — aber nicht nur daher — die be= sondere Betonung der Reformationszeit und auch die ge= legentlichen Bezugnahmen auf Innsbruck. Ich glaube, auch für die Drucklegung davon nichts beseitigen zu sollen, um meiner Darstellung Einheitlichkeit und Frische nicht zu gefährden.

Eine herzliche und dankbare Freude ist es mir, daß meine kleine Schrift in dem deutschen Verlage erscheint, welcher uns Balten vor anderen hochsteht durch seinen unvergeßlichen Herrn Dr. Carl Geibel, der bald nach seiner eigenen livländischen Zeit Verleger der „Livländischen Antwort" wurde und nach ihr des reichsten und gehaltvollsten baltischen Schrifttums überhaupt, in einem Verlage, in welchem auch ich eine Reihe von Jahren tätig sein durfte.

So möge denn mein Vortrag, wie er gehalten wurde, hinausgehn: zum Besten der neuen Heimat ein treuer Herzensgruß an die alte!

Innsbruck, am 31. Oktober 1911.

Bernhard Höhlbaum.

In der politisch — in Nähe und Ferne — außerordentlich bewegten Zeit, in der wir stehen, findet der einigermaßen aufmerksame Beobachter der geschichtlichen und völkischen Entwicklung unserer Tage doch noch den Sinn, von der sich anbahnenden großen Völkertragödie im europäischen Westen seinen geistigen Blick hinüberzuleiten in das ferne Land der tausend Seen. Dort, im schönen Finnland, wird eben durch slawische Gewalt ein kulturell hochstehendes, freies Volk seiner besten Rechte beraubt. — Wir alle, die wir völkischen Sinn, Empfinden für Recht und Geschichte haben, können dem unsere innere warme Anteilnahme nicht versagen, — trotz allem, was uns selbst im Reiche und im Lande bedrücken mag.

Und wenn schon das Schicksal der uns völkisch doch fernerstehenden Finnländer (Schweden sind es und Finnen) uns bewegt, wie viel mehr darf solches der Fall sein gegenüber unsern Stammesbrüdern in den südlich von Finnland liegenden drei deutschen Provinzen Rußlands, den baltischen Provinzen Est=, Liv= und Kurland, dem ehemaligen „Altlivland", wie sie in vorrussischer Zeit oft geheißen sind.

Zwar die Gegenwart meldet dem Fernerstehenden wenig von dort — es ist dort eben eine Zeit stiller, strenger völkischer Arbeit, die, nur auf eigene Kraft gestellt, nach außen wenig hervortritt. — In einem Verein aber, wie unser deutscher Lutherverein es sein will, und in einer Versammlung, wie die heutige es ist, welche Deutsche umfaßt aus einem Reiche, dessen Deutschtum anscheinend auch keiner lichten Zeit entgegengeht, in solcher Versammlung, meine ich, ist es wohl am Platze, den Blick einmal hinüberzulenken zu den deutschen

Stammesbrüdern im fernen Nordosten, welche zielbewußt dort für die Erhaltung und Sicherung ihres als höchsten Gutes geschätzten Volkstumes arbeiten.

Ein deutsches Land ist es, das meerumspülte ferne Altlivland. Es ist deutsch, trotzdem in Zahlen ausgedrückt die deutsche Bevölkerung ja kaum ein Zehntel der — nach westeuropäischem Maße undichten — Gesamtbevölkerung ausmacht. Es ist deutsch nach Geschichte, Recht und Kultur. Und es wird, so Gott will, deutsch bleiben — trotz aller Bestrebungen, die aus der Tiefe kommen, trotz der Bedrückung von oben her, von seiten der russischen Regierung. Wie diese heute in der Entrechtung Finnlands die Ablenkung zu finden wähnt von den kläglichen Zuständen im Innern des Riesenreiches, wie sie sich heute von höfisch-klerikalen Einflüssen bestimmen läßt, durch Zaren gegebenes Kaiserwort zu brechen, — so war ähnliches in nicht lange zurückliegender Zeit südlich des finnländischen Meeres der Fall.

Kaiser Alexander III., durch und durch Autokrat und, wie das Schlagwort im Rußland Stolypins heißt, ganz „Nationalist", war wohl einer der willensstärksten Bedrücker des Deutschtums in den baltischen Provinzen. Dieses Deutschtum war ihm, der es nur aus verfärbten Darstellungen kannte, verhaßt. Am Zarenhofe hatte aber damals, was deutsch war und was evangelisch, doch eine Stütze an der Schwägerin des Zaren, der Großfürstin Maria Pawlowna, einer mecklenburgischen Prinzessin, der ersten deutschen Fürstentochter, die bei Eingehung der Ehe mit einem Gliede des russischen Kaiserhauses (mit dem Bruder des Zaren, dem Großfürsten Wladimir Alexandrowitsch) den Mut und die Treue gehabt hatte, bei ihrem evangelischen Bekenntnis zu verbleiben.

Daß nun auch sie es — leider! — und aus Gründen, die der Fernerstehende wohl kaum wird richtig bemessen können, in viel späterer Zeit aufgegeben hat, sei nur beiläufig bemerkt zur Kennzeichnung des russischen Nationalismus der jüngsten Gegenwart, der es bis zu dem wahnwitzigen Treiben eines Iliodor gebracht hat. — In ihrer besten Zeit aber war diese erste evangelische Großfürstin eine mit stillem Einfluß wirkende, durch ihren Geist und ihren Takt erfolgreiche Schützerin des Deutschtums. Eine wohlverbürgte Erzählung aus jener Zeit besagt, daß damals an der zarischen Familientafel einst die Großfürstin Maria Pawlowna ihrem kaiserlichen Schwager zu widersprechen wagte, als er über die baltische deutsche Bevölkerung seinem Unmute in seiner kräftigen Art Luft machte. Durch den Widerspruch gereizt, ergriff Kaiser Alexander eine Semmel, drückte sie in seiner mächtigen Hand zusammen — die imstande war, einen harten Silberrubel krumm zu biegen — und sagte: „Die Deutschen dort! wie diese Semmel werde ich sie zusammenpressen!" — Hiermit war diese Erörterung abgebrochen und das Gespräch mußte eine andere Richtung nehmen, bis nach einiger Zeit die Großfürstin den Zaren aufmerksam machte: „Majestät, die Semmel dehnt sich von selbst aus und hat fast schon die frühere Gestalt."

Dieses Geschehnis möge eine Verheißung sein für das Deutschtum im russischen Reiche! Noch ist es vorhanden, und, wie wir sehen werden, wach, seiner und seiner Pflichten bewußt, lebenskräftig.

Um die Geschichte des Landes und des Deutschtums in ihm richtig zu verstehn, muß man stets im Auge behalten, daß es sich um eine Kolonie handelt. Eine deutsche Kolonie, wie sie in dem Maße und in der Entwicklung die Weltgeschichte zum zweitenmal wohl nicht kennt. Einen annähernden Vergleich — aber auch viele Abweichungen in ihm — können wir vielleicht im Lande der Siebenbürger Sachsen finden.

Die gegenwärtigen drei baltischen — oder wie sie bei

der Unbeliebtheit des Wortes baltisch jetzt wohl auch genannt werden nordwestlichen Provinzen Rußlands — umfassen ein Gebiet, das an Ausdehnung etwa den beiden Königreichen Bayern und Württemberg zusammen gleichkommt. Die Bevölkerungszahl ist aber, wie schon erwähnt, eine verhältnismäßig geringe: reichlich 2½ Millionen. Die Bevölkerungsdichte ist demnach mehr als dreimal geringer als in Bayern-Württemberg. Innerhalb der Bevölkerung der baltischen Provinzen bilden die Deutschen nur einen geringen Teil. Ihre Gesamtzahl dürfte wenig über 200 000, höchstens 210 000 betragen. Die statistischen Angaben sind nicht neu (1897). Neben den Deutschen, deren Stammland der deutsche Norden war — Niedersachsen — Westfalen, das Gebiet der Hansa —, bildet noch heute die Urbevölkerung den erdrückenden Großteil der Einwohner. Im Norden, im ganzen Estland und im nördlichen Teile des heutigen Gouvernements Livland, leben etwa 1 Million Esten. Ein den Finnen nahe, den Ungarn sehr entfernt verwandter Volksstamm, in vorgeschichtlicher Zeit, jedenfalls vor der Völkerwanderung, nach Westen versprengt aus der weit im Osten gelegenen Urheimat der finnisch-ugrischen Volks- und Sprachengruppe. — Den südlichen Teil Livlands und das ganze heutige Kurland bewohnen als Hauptbevölkerung Letten, deren Zahl auf 1 200 000 Seelen angegeben wird (1897). Die Letten gehören im Gegensatz zu den Esten der indoeuropäischen Völkerfamilie an und innerhalb dieser zur litauischen Sprachgruppe, die trotz mancher Annäherung an das slawische sprach- und volksgeschichtlich selbständig zwischen Slawen und Germanen dasteht. — Von der sonstigen Urbevölkerung, die dem ganzen Lande und seinem südlichen Teile Namen gegeben, welche noch heute im Gebrauch sind, den Kuren und Liven, finden heute sich nur noch geringfügige Spuren — dem Sprachforscher von größter Bedeutung, für die Gesamtheit heut ohne Belang. Die Kuren und Liven, gleichfalls dem finnischen Stamme angehörig, sind im Laufe der Zeit von den Letten aufgesogen. — Innerhalb der sonstigen Bevölkerung ist von steigender Bedeutung der Zuzug der Russen, russischer Beamter aller Art, Militär, Lehrer. — An den Küsten und auf den Inseln Estlands leben noch Schweden, die zum Teil Art und Sprache sich bewahren, in Reval eine eigene evangelische Gemeinde bilden, auf dem flachen Lande aber zum Teil mit den Esten sich vermischen. Juden gibt es im Norden sehr wenige, und zwar dort nur in den Städten, im Süden (Kurland!) dagegen verhältnismäßig zahlreiche, selbst auf dem Lande, wo sie zwar nicht als Ackerbauer, wohl aber als oft unvermeidliche Vermittler jeder Art von Geschäften eine Rolle spielen und auf ihre eigene Rechnung kommen.

Dieses ganze große nordosteuropäische Gebiet, dessen gelegentliche Erwähnungen bei älteren Schriftstellern, auch die vielumstrittene Stelle des Tacitus, hier ebensowenig von Belang sind, wie die neuerdings gemachten Gräberfunde aus frühgothischer Zeit, das Livland im alten Sinne beginnt erst um die Wende des zwölften Jahrhunderts in den Gesichtskreis westeuropäischer Geschichte zu treten. Und zwar durch deutsche Kolonisation. Kauffahrer aus den deutschen Ostseehäfen und aus dem mit Lübeck in Verbindung stehenden Wisby auf Gotland waren wohl die ersten Entdecker des Landes. Diese „Aufsegelung Livlands" ist, wie neuere Forschungen dargetan haben, nicht von Bremen her geschehen, wenigstens nicht von Bremen allein — eine Überlieferung, die lange als geschichtliche Tatsache galt, sondern von Wisby und Lübeck aus. Allsommerlich suchten die Schiffe des wagemutigen deutschen Kaufmannes das ferne Land an der Mündung des mächtigen Dünastromes auf, einen ergiebigen Warenaustausch betreibend gegen die reichen Roherzeugnisse des Landes. — Dem Kaufmann aber, der nur als

Gast kam und ging, folgte bald als ständiger Bewohner der Priester. 1187 ist Meinhard von Seegeberg (in Holstein) als Missionar ins Land gekommen. In Uexküll und in Kirchholm an der Düna erstanden die ersten christlichen Kirchen. Viel größere Bedeutung aber als diese beiden ältesten festen deutschen Niederlassungen im Lande gewann bald die am Unterlaufe der Düna, etwa im Jahre 1201, von Albert von Apeldern, Domherrn zu Bremen, begründete Stadt Riga. — Die Einwanderung stieg, die Eroberung des Landes schritt mächtig fort durch die im Jahre 1202 geschehene Begründung des Schwertbrüderordens. Es war die Politik der Päpste, welche Livland, das „Marienland", wie es gern genannt wurde, sich als unmittelbares Eigen gewinnen wollten, dem Bischof — dessen Erhebung zum Erzbischof in der ersten Zeit beharrlich verweigert wurde — im militärisch-geistlichen Orden ein Gegengewicht zu geben. Wohl sollte die — nicht immer eingehaltene — Vereinbarung gelten, daß vom gewonnenen Lande ein Drittel dem Orden, zwei Drittel den Bischöfen zufallen sollten, — aber eben in dieser gewollten Zwieherrschaft war der Keim zu fortgesetztem inneren Zwist gelegt. Dieser erfüllt die ganze ältere äußere livländische Geschichte. Zumal seit der Schwertbrüderorden (fratres militiae Christi) in den Deutschen Orden — durch den päpstlich bestätigten Vertrag zu Viterbo, 1237 — aufgegangen war. — Die äußere Geschichte des Landes wurde nicht nur durch die fortgesetzten Fehden zwischen Orden und Bischöfen bestimmt, wobei die erstarkenden Städte sich oft, wenn nicht immer, auf Seite des Ordens stellten, sondern sehr bald schon auch durch Angriffe äußerer Feinde. Die Moskauschen Großfürsten beanspruchten auf Grund zweifelhafter Verträge eine Oberherrschaft über das Gebiet um Dorpat; der nördliche Teil des Landes — Estland mit der im Jahre 1219 vom Dänenkönige Waldemar gegründeten Stadt Reval, wurde durch gewaltige Aufstände der Estenbevölkerung erschüttert. Die Dänen konnten ihre

Kolonie nicht halten und verkauften sie dem Orden (1341). — Dabei schon damals fortgesetzte Einfälle der Russen. — Der nach den Worten eines alten Chronisten „geruhsamste" Teil des Landes war damals noch Kurland, „das Gottesländchen".

Im Rahmen dieser, kaum ein Friedensjahr bietenden äußeren Geschichte des Landes ging eine innere Entwicklung vor sich, die ganz deutsch war und das Land trotz der geringen Zahl der Deutschen, der Herren des Landes, zu einem deutschen machte. Es galt das deutsche „gemeine Recht", dazu in den Städten lübisches und hamburger Recht.

Zumal durch den Anschluß an den mächtigen Hansabund erstarkten die Städte. Ihnen blieb politisch eine große Selbständigkeit gewahrt, selbst dem immer mächtiger werdenden Orden gegenüber, der neben dem Erzbischof und den Bischöfen den landbesitzenden Adel belehnte. Die Zeit des größten Aufschwunges — und dann die Zeit des beginnenden Verfalles bedeutet für den Orden und für Altlivlands Selbständigkeit die Regierung des Ordensmeisters Walter von Plettenberg. Dieser einundvierzigste Meister des Deutschen Ordens in Livland hat nicht nur die längste Zeit unter allen Ordensmeistern regiert (1495—1535), sondern ist auch der glänzendste Herrscher im alten Livland gewesen.

Der biedere Chronist Balthasar Rüssow, Pastor zu Reval, dessen „livländische Chronik" (erste Ausgabe im Jahre 1578) in ihrer gelegentlichen Breite, in ihrer Treuherzigkeit, ihrem — vielleicht unbewußten — Moralisieren dem Freunde livländischer Geschichte eine vergnügliche Lektüre gewährt — dem Kenner dieser Geschichte dabei eine nicht gefährliche —, jedem aber lebensvolle Züge zur Kultur- und Sittengeschichte, zumal der Zeiten, die Rüssow aus eigener Anschauung schildern konnte, — unser guter alter niederdeutscher Rüssow sagt von Plettenberg wörtlich:

„Auch hat es dieser löbliche Meister durch seine herrlichen

Taten dahin gebracht, daß er in die Zahl der Fürsten des Römischen Reiches mit all seinen nachfolgenden Meistern ist angenommen worden; welcher der erste gewesen ist, der den fürstlichen Titel geführt und solches von dem Kaiser Carolo quinto erlangt hat" — und unmittelbar vor diesem Satze steht bei Rüssow ganz kurz und einfach, mit einer gewissen Selbstverständlichkeit: „Anno 1522 bei dieses Meisters Regierung hat das Licht des heiligen Evangelii in den livländischen Städten angefangen zu leuchten."

Dieser evangelische Prediger Rüssow, bald nach der Reformation lebend, tut ihrer noch im Zusammenhange einer zweiten Stelle Erwähnung. Bei der Schilderung der verderbten Sitten jener Zeit sagt er:

„Wiewohl Gott der Allmächtige die Provinz Livland mit der unverfälschten und reinen Lehre des heiligen Evangelii vermöge der Augsburgischen Konfession begabt hatte" usw....
Das ist Alles, was bei diesem Geschichtsschreiber und evangelischen Prediger, der noch zu Lebzeiten Luthers geboren war, sich über den Einzug des Evangeliums in Livland findet. — Ich meine, das ist sehr bezeichnend:

Die Reformation kam in das „Marienland" als etwas selbstverständliches, als etwas, das kommen mußte.

Sie kam ohne größere äußere Kämpfe und sie kam bald, fast gleichzeitig mit der Ausbreitung der neuen Lehre im Stammlande, im deutschen Norden. — Zuerst waren es die Städte Riga und Reval, welche die neue Lehre aufnahmen und ihre Prediger. In Riga und namentlich in Dorpat kam es zu Bilderstürmereien, in Reval wurden solche wenigstens teilweise unmöglich gemacht durch die Umsicht des Kirchenvorstehers Heinrich Busch, welcher der Nachwelt die reichen Kunst- und Kulturschätze der altehrwürdigen Sankt Nikolauskirche rettete.

Der Rat der Städte verordnete, daß nun die neue Lehre gelten solle. Er zog die Klostergüter ein und verwies die Klosterbrüder und Klosterfrauen des Landes. In Reval wurde aus dem vorhandenen reichen Vermögen der Klöster der „Gotteskasten" gebildet, eine Einrichtung, die ungestört bis in die neue Zeit bestand und die evangelischen Kirchengemeinden dort und die kirchliche Armenpflege in einer Weise sicher stellte, die uns evangelischen in Nordtirol beneidenswert erscheinen müßte.

Der Rat der Städte im Verein mit den Gilden der Bürgerschaft hatte so weitgehende Befugnisse. Daß er sich in ihrer Ausübung aber von den Tatsachen nicht überraschen ließ, sondern — wenigstens in Riga und Reval — diese anscheinend vorausblickend mit bestimmte, das brachte dem Eingang der evangelischen Lehre in Altlivland einen fast an apostolische Zeiten gemahnenden Zug: „das Alte ist vergangen und siehe, es ist alles neu geworden."

Riga und Reval sorgten alsbald für eine evangelische Kirchen- und Gottesdienstordnung. Beide waren schon vollendet und in Kraft getreten, als Luther auf dem Reichstage zu Augsburg 1530 das von Melanchthon abgefaßte Bekenntnis überreichte. — Die Kirchenordnung vermied in glücklicher Weise die an manchen anderen Orten eingeführte allzu große Vielköpfigkeit der kirchlichen gemeindlichen Verwaltungskörper. Aus der Gottesdienstordnung erscheint hier erwähnenswert, daß in Reval der Hauptpastor Johannes Lange auch aus der Liturgie jedes lateinische Wort zu entfernen vermochte, so daß es dort schon frühzeitig ganz deutschen — oder für die Undeutschen ganz estnischen Gottesdienst gab, — während sogar Luther, und nach seinem Vorbilde auch Riga, zu solch durchgreifendem Aufgeben des gewohnten Alten sich zunächst noch nicht entschließen konnten.

Im Lande machte nur die estländische Ritterschaft der Auflösung der Nonnenklöster einige, bald überwundene Schwierigkeiten, weil sie ihre Töchter in den Klöstern erziehen ließ. — Die römische Geistlichkeit konnte trotz mancher Ansätze dazu der

Reformation keinen ernsten Widerstand leisten. Das ist selbst=
verständlich, wenn man die Zustände der damaligen römischen
Kirche im Lande auch nur oberflächlich kennt. Diese waren
derart, daß der kluge Bischof Johann Kiewel, der auf seiner
großen livländischen Insel Oesel sich wohl einer größeren
Selbständigkeit erfreuen mochte, den Einzug der siegreichen
neuen Lehre sogar begünstigte.

Der Meister des Ordens, Walter von Plettenberg, verhielt
sich nicht feindselig. Wenn er auch an sich keinen Bekenntnis=
wechsel vollzog, so bekämpfte er doch die neue Lehre nicht.
Er erkannte, daß selbst ein Bürgerkrieg sie nicht aufhalten
könne und wohl auch, daß die alte Lehre eines solchen
Opfers nicht wert sei. Plettenberg wurde der Dichter eines
einst auch wohl in evangelischen Kirchen des Landes ge=
sungenen Liedes: „Ach Gott, willst my erhören!"

Was von der römischen Kirche damals auf dem flachen
Lande übrig blieb, war so gut wie nichts und in den
Städten auch sehr wenig. Und dieses wenige — um einen
treffenden Vergleich Hermann Daltons aus seiner glänzend
geschriebenen „Verfassungsgeschichte der evangelisch=lutherischen
Kirche in Rußland" anzuführen — dieses wenige schmolz
dahin wie der schmutzige Schnee in den Straßen der Stadt,
wenn die Sonne mächtig wird.

Luther selbst hatte seine helle Freude an der Ausbreitung
seines Werkes im fernen nordischen Lande. „Ein Wunder"
dünkte sie ihm und „evangelium oritur et procedit in
Livonia" jubelte er und schon im Sommer des Jahres 1523
richtete er einen die Anhänger der neuen Lehre hocherfreuenden
Brief „an die auserwählten lieben Freunde Gottes, allen
Christen zu Righe, Rewell und Tarbthe in Liefland." Diesem
ersten Briefe folgten noch weitere. Sie sind in den Stadt=
archiven aufbewahrt.

Wer von Ihnen, meine Damen und Herren, ein Mehr
wissen möchte als es hier im engen Rahmen eines Vortrages

geboten werden konnte über die freudige Aufnahme der Reformation in Livland, über jene Zeit kraftvoller geistiger Erhebung, der nimmt wohl außer der schon genannten Schrift Hermann Daltons die lebensvollen Abhandlungen Friedrich Bienemanns („Aus Livlands Luthertagen") zur Hand und Theodor Schiemanns „historische Darstellungen."

Die größte Bewegung der Zeit und aller Zeiten war siegreich ins Land gezogen. Sie legte den Grund zu einer Kultur, die eben nur sie zu bringen imstande ist. Nicht nur auf rein kirchlichem Gebiete. In Schule und Haus, durch beginnende allgemeine Schulpflicht, geregelte Armenpflege und Krankenfürsorge brachte die evangelische Kirche durch ihre Pfarrer und deren weltliche Helfer auch der eingeborenen Bevölkerung Segnungen, deren sie sonst nie teilhaftig geworden wären, sie — die „Undeutschen."

Diese Bezeichnung der eingeborenen Völker durch die deutschen Herren des Landes ist von den Nachkommen eben jener „Undeutschen", aber auch — wie es nun mal die Art der Deutschen ist, fremdem Recht und Empfinden eine allzugroße Weitherzigkeit entgegenzubringen — auch von Deutschen vielfach zu harten und gehässigen Angriffen gegen das deutsche Altlivland ausgenutzt worden.

Wir aber haben keinen Anlaß, solchen Angriffen beizustimmen. Denn wir dürfen nicht vergessen, daß eben jene „Undeutschen", als die Kolonisation des Landes begann — und auch später — es zu keinem Staatswesen und zu keiner völkischen Zusammenfassung hatten bringen können. Wir dürfen auch nicht vergessen, daß diese so vielfach angefeindete Bezeichnung aus mittelalterlichen Anschauungen heraus entstanden war. Ich meine, was in ihr an deutschem — in jenen Zeiten sonst so seltenem — Selbstbewußtsein enthalten ist, darf uns Spätere nur freuen.

Es ist weiter den Herren des Landes, den Deutschen in

Stadt und Land, oft selbst von wohlwollender Seite, auch von Balten, ernsthaft, oft heftig der Vorwurf gemacht worden, daß sie zu der Zeit, da eine solche noch möglich war, für die Germanisierung der einheimischen Bevölkerung nicht gesorgt haben. Dieser Vorwurf, der u. a. Pantenius' große baltische Romane durchzieht und den die sehr geschickte Schriftstellerin Franses Külpe neuerdings aufgenommen hat, scheint historische Berechtigung zu haben. — Die Tatsache aber ist eben auch historisch zu erklären und daher zu verstehen: Es war ja eine deutsche Kolonie, deren Fortbestehen damals den herrschenden Deutschen nicht fraglich erscheinen konnte — welchen Anlaß hatten die deutschen Herren des Landes, den „Undeutschen" ihre völkische Art aufzuzwingen?

Sie teilten ihnen die Segnungen ihrer Kultur mit, auch die ausgesprochene Achtung des Rechtes, die dem Deutschen im Blute liegt. — Und: deutsche Art ist es nie gewesen, das eigene Volkstum einem andern aufzunötigen.

Zum weiteren Verständnis dessen, daß es so kam, wollen wir im Auge behalten, daß die Deutschen — der landbesitzende Adel wie die starke, in sich gefestigte Bürgerschaft, — sich eben als Herren fühlten — wie wohl jeder erfolgreiche Kolonisator.

Und mit allen Schwächen und Fehlern, und mit allem Stolz und aller Stärke eines siegreichen Eroberers fühlten die Deutschen im Lande sich als Herren — und wollten es bleiben. — Ein Etwas von dieser Herrennatur — mit all ihren Vorzügen und all ihren Fehlern — ist wohl bis in unsere Tage jedem baltischen Deutschen verblieben.

Vielleicht wäre beim Untergange livländischer Selbständigkeit das Schicksal des Landes nach Germanisierung der Esten und Letten ein anderes geworden. — Die Esten aber und die Letten haben am wenigsten Anlaß — wie das wunderlicherweise gelegentlich geschehen ist — sich zu beklagen, daß es so geworden ist. Denn sie, deren Volksbewußtsein in den letzten Jahrzehnten erstarkt ist und oft sonderbare Auswüchse zeigt, sie wären ja gar nicht zu solcher Wahrung ihrer Eigenart gekommen, wenn Altlivland ihnen das Deutschtum aufgenötigt hätte. — Jetzt, wo sie zwischen zwei mächtigen Einflüssen stehen, dem russischen mit seiner äußeren und dem deutschen mit seiner kulturellen Kraft, haben sie nur durch letztere einen Halt und wären dem Russentum unrettbar preisgegeben ohne die Selbständigkeit, welche die Deutschen ihnen einst ließen, während sie durch Kirche und Schule auch die Landbevölkerung auf einen Bildungsstandpunkt brachten, welcher den des russischen Volkes turmhoch überragt und den Vergleich mit Westeuropa nicht zu scheuen braucht.

Freilich, politisch mag jene Unterlassung ein Fehler gewesen sein. Das Land war politisch zerfahren und nicht imstande, in den hereinbrechenden Wirren seine Selbständigkeit zu wahren. Das nach Abwerfung des Mongolenjoches erstarkte Rußland, das mächtig aufstrebende protestantische Schweden, das damals noch sehr mächtige Polen bedrängten die deutsche Kolonie an der Ostsee und machten namentlich das heutige Livland zum Schauplatz ununterbrochener Kämpfe. Hilfe „vom Reiche" blieb aus. **Die Auflösung des alten Livlands ließ sich nicht mehr verhindern.**

Das Jahr 1561 bezeichnet in Altlivland den Zeitpunkt, da die Kolonialgeschichte zur Provinzialgeschichte werden mußte.

Der Norden, Estland, wurde schwedisch, — der Hauptteil des heutigen Livlands polnisch, ebenso Kurland, das aber als Herzogtum — unter polnischer Lehnshoheit — zu einiger Selbständigkeit gelangte.

In Livland und Kurland versuchte Polen durch seine Jesuiten eine Gegenreformation, aber ohne größeren und ohne jeden nachhaltigen Erfolg. Auch Estland hatte im glaubensverwandten Schweden einen zeitweilig „wunderlichen" Herrn. Die Zeit der „Reduktionen", meist willkürlicher Gütereinziehungen zugunsten der Krone Schweden, sorgte dafür, daß schwedisches Wesen nicht dauernd Platz greifen konnte im Lande des deutschen Rechtes.

Denn alle Teile des Landes hatten in den Kapitulationen sich von den verschiedenen neuen Landesherren ihr Deutschtum feierlich gewährleisten lassen: Deutsches Recht, die alte deutsche Verfassung in Land und Stadt, die deutsche Schule und das evangelische Bekenntnis.

Diese Güter haben die Lande sich auch gewahrt — auch in den unsäglichen Wirren, in all dem Elend des nordischen Krieges. Dieses gewaltige Ringen Schwedens um den Weiterbesitz seiner Vormachtstellung im europäischen Norden und Rußlands — um den Zugang zum Meere — auch das östlich vom heutigen Estland am Meere liegende Ingermanland war ja damals noch schwedisch —, dieses gewaltige Ringen ist zum großen Teile auf baltischem Boden ausgefochten worden. Livland und Estland hatten damals, zu Anfang des 18. Jahrhunderts, durch die Heerscharen Peters des Großen — und durch die Pest — wohl mehr noch zu leiden als im 16. Jahrhundert durch die Horden Iwans des Schrecklichen. Erst als der russische Feldherr Scheremetjew auf seines Zaren Befehl: „rasorí!" (zerstöre, vernichte alles) zurückmelden mußte: „nétschewo rasorátj" — (es gibt nichts mehr zu zerstören), erst nach langer Belagerung und heftiger Beschießung Rigas durch Scheremetjew und Revals durch den russischen General Bauer wurden die Russen (Juli und September 1710) Herren auch der festen Städte. —

Livland und Estland wurden durch die Kapitulationen von Peter dem Großen für sich und all seine Nachfolger die alte Verfassung und bisherigen Rechte, — all das, was bisher das Deutschtum im Lande ausmachte — feierlich gewährleistet und beschworen. Als im Jahre 1795 das Herzogtum Kurland an Rußland fiel und nun wieder mit den Schwesterprovinzen vereinigt wurde — zunächst unter der Statthalterschaftsverfassung, danach im Generalgouvernement der Ostseeprovinzen — wurden auch ihm die alten — deutschen — Rechte zugesagt. Peters Zarenwort ist — in der Hauptsache wenigstens — gehalten worden, auch von seinen Nachfolgern bis etwa zur Mitte des 19. Jahrhunderts, — zum Heile nicht nur der Lande, die seit dem Frieden von Nystad (1721) sich ungestörter friedlicher Entwicklung erfreuen konnten, wie sie in den fünf ersten Jahrhunderten livländischer Geschichte von solcher Ausdehnung der deutschen Kolonie niemals hatte zuteil werden können, — zum Heile aber auch des ganzen großen Reiches selbst, dem die deutsche Kolonie nun dauernd einverleibt war. Die Zaren und das Reich erkannten bald — und anerkannten auch vielfach, daß sie in den baltischen Deutschen die besten, zuverlässigsten und auf allen Gebieten staatlichen und kulturellen Wirkens brauchbarsten Staatsbürger, — oder wie es in Rußland heißt „Untertanen" gewonnen hatten. Es war sicher nur zum Nutzen des Reiches, daß in ihm deutsche Balten vielfach führende Stellungen einnahmen.

Die geistige Verbindung mit dem Westen, namentlich mit Deutschland, blieb in dieser ersten Zeit russischer Herrschaft rege und meist unbehindert. Nach wie vor fand ein reicher Zuzug von Lehrern und Predigern aus Deutschland statt und seit Erneuerung oder Begründung der deutschen Landesuniversität Dorpat durch Kaiser Alexander I. (1802) auch von Professoren.

Für die Bedeutung des Deutschtums im Lande, für die Entwicklung der ständischen Beziehungen — des Verhältnisses der Deutschen in Stadt und Land zueinander —, wie selbstverständlich für das ganze geistige Leben der drei Provinzen und des großen Reiches war diese deutsche baltische Landesuniversität — so lange sie eine solche bleiben konnte — von so mächtigem Einfluß, daß es unerläßlich ist, hier auf die Geschichte dieser Hochschule etwas näher einzugehen.

Gustav Adolf hatte — im Jahre seines Todes 1632 — in Dorpat für seine baltischen Lande — auch Livland war seit 1621 schwedisch — eine Universität errichten lassen. Daneben ein Gymnasium in Reval, das noch heute besteht, freilich in sehr veränderter Gestalt. Die alte, schwedische Universität Dorpat konnte kaum zu gedeihlicher Entwicklung kommen, war in den Wirren jener Zeiten sogar zeitweilig in das westliche Städtchen Pernau verlegt. In den Stürmen des Krieges ging sie unter.

Von um so größerer Bedeutung war es nun, daß Alexander I. die Hochschule des Landes erneuerte und zwar — als deutsche Landesuniversität.

Ihr Wirken — solange Dorpat eine solche war — gehört der Geistesgeschichte nicht nur des Landes und des Reiches, sondern auch Deutschlands und zum Teil sogar Österreichs an. Denken Sie nur an die große Zahl von „Dorpatensern", die an allen reichsdeutschen und an einigen österreichischen Hochschulen (auch in Innsbruck) gewirkt haben und noch wirken. Dorpat konnte dem geistigen Mutterlande reichlich und vollwertig wiedergeben, was es ihm verdankte.

Lassen sie mich hier von Künstlern, deren namentlich die kleinste der drei Provinzen, Estland, verhältnismäßig zahlreiche hervorbrachte, nur den estländischen Landpfarrerssohn Professor Eduard von Gebhardt (Düsseldorf) nennen und von Gelehrten nur Professor Carl Schirren, den Verfasser der „livländischen Antwort", die mancher Balte wie jener biedere alte Pastor auf Oesel als das beste Buch neben seine Bibel stellt, — den feinsinnigen Schriftsteller Julius von Eckardt, einen Meister des deutschen Stiles, die Professoren Ernst von Bergmann, Adolf Harnack, Wilhelm

Ostwald, Arthur von Oettingen, Theodor Schiemann — der zahlreichen, diesen Großen kaum nachstehenden baltischen Männer aller Wissensgebiete an Deutschlands Hochschulen nur im ganzen gedenkend.

Die Hochschüler der Landesuniversität waren fast ausschließlich Deutsche aus den Ostseeprovinzen. Hinzu kamen Deutsche aus dem Innern Rußlands — meist Schüler der deutschen Gymnasien, die im Zusammenhang mit den evangelischen Gemeinden in St. Petersburg und Moskau erhalten wurden und werden. Wenige Russen, wenige Reichsdeutsche. — Eine besondere Gruppe bildete die polnische Studentenschaft, die sich lieber deutschem Wesen und deutscher Zucht einfügte als dem Russentum, welches der Universität Warschau schon damals aufgenötigt wurde. Die Zahl der in Dorpat studierenden Esten und Letten, welche ihre Vorbildung natürlich auf den deutschen Gymnasien des Landes erhalten hatten, war nicht groß. Sie stieg erst, als bei den Letten und Esten völkisches Bewußtsein zu erwachen begann. Aber auch dann fügten sich diese „Nationalen" der deutschen Art der Hochschule und dem Burschenstaat an ihr ein — wenigstens äußerlich. Im Jahre 1883 erhielt der Dörptsche Burschenstaat, der nicht mit Unrecht mit diesem stolzen Namen bezeichnet wurde, ein neues Glied in der lettischen Studentenverbindung „Lettonia", freilich empfand er es als Fremdkörper in seinem Organismus.

Gliederung und Verfassung der deutschen Studentenschaft war ursprünglich nach dem Vorbilde Deutschlands geschehen, in Anlehnung an die alten Burschenschaften. Sehr bald aber nahm die Entwicklung ihren eigenen, durch die Landesverhältnisse bedingten Gang. Es bildeten sich die drei nach den Provinzen benannten in der Hauptsache landsmannschaftlichen Verbindungen, zu denen bald als vierte der „alten" Verbindungen die Fraternitas Rigensis kam. Sie

bildeten — durch ihre Chargierten vertreten — zusammen
den Burschenstaat, der auch den „Wilden" (den nicht zu einer
Verbindung gehörenden Studenten) zu deren und zu der
Gesamtheit Bestem die Unterordnung unter den allgemeinen
Burschenkomment auferlegte. Aus seiner Entwicklung wird
Ihnen, meine Damen und Herren, hier vielleicht die Tatsache
von Bedeutung erscheinen, daß im deutschen Dörptschen
Burschenstaate die Anerkennung — und Achtung — des Anti=
duellantenstandpunktes und die Einführung obligatorischer
Ehrengerichte bedeutend früher stattfand als in Deutschland,
wo sie ja auch heute nur teilweise durchgeführt ist. In
Dorpat wurde nur auf Satisfaktion — nicht auf Bestimmung
— geschlagen, freilich nicht wenig und nach Mensurbe=
stimmungen, die in Deutschland in jedem Falle als schwere
gelten. Auch geschossen wurde reichlich, namentlich mit den
Polen, denen innerhalb der Burschenschaft eine Art Aus=
nahmestellung in dieser Hinsicht eingeräumt war.

Innerhalb der einzelnen Verbindungen hielten deren
Konvente stramme studentische Disziplin, für die Selbstzucht
der Studentenschaft im ganzen sorgte das aus Vertretern
aller Verbindungen zusammengesetzte „Burschengericht."

Es war ein deutsches Studentenleben an einer deutschen
Hochschule — von einer Freiheit der Entwicklung, wie sie
andere Universitäten nicht kannten und nicht kennen.

Wenn bei der Intensität des Studentseins gar mancher
es auch dauernd übersah, daß er auch Studierender hätte
sein sollen, so hatte in Dorpat das Verbindungsleben als
solches doch in jedem Falle für den einzelnen und für das
Land eine nicht zu unterschätzende heilsame Wirkung weit
über die Universitätssemester hinaus:

Aus allen deutschen Ständen trafen in den Verbindungen
als völlig Gleichberechtigte die Söhne des Landes zusammen.
Das wirkte ausgleichend und einigend fürs Leben — der
einzelnen wie des Landes. Eine, kurze Zeit bestandene,

grundsätzlich aus Aristokraten sich zusammensetzende Verbindung ging bald ein. An dieser Landesuniversität und in dem auf idealer Gleichheit ruhenden Burschenstaat war ein solches Unternehmen unmöglich, wenn es auch von zum Teil sehr hervorragenden Leuten begonnen wurde.

Die gemeinsame Zeit im alten Dorpat erweckte ein gegenseitiges Sichverstehen und daraus ein gedeihliches Zusammenwirken im späteren Leben, wie es meines Wissens ohne Beispiel dasteht — eine mächtige Stütze des Deutschtums, dem ernste Gefahren schon drohten, als das frische fröhliche freie deutsche Studentenleben in Dorpat gerade zu höchster Blüte sich entfaltet hatte.

Nicht von unten her, nicht aus dem Lande selbst kamen diese Gefahren. Die Bauer- und die Landfrage waren aus eigenstem Antrieb von den Ritterschaften längst und glücklich gelöst: Schon seit dem Jahre 1816 hatte die estländische, seit 1818 die andern Ritterschaften die bis 1861 in Rußland bestehende Leibeigenschaft der bäuerlichen Bevölkerung aufgehoben. Vergessen Sie, bitte, des Vergleiches wegen nicht, daß in Preußen dieses nur wenig früher — im Jahre der Not 1806 — geschehen war, in den deutschen Mittel- und Kleinstaaten teilweise erst nach den Revolutionen von 1830 und 1848 geschah, — zu einer Zeit also, wo die baltischen Ritterschaften, geführt von der idealen Lichtgestalt des livländischen Landmarschalls Hamilkar Baron Fölckersahm, das erste große Befreiungswerk schon ausbauten durch die Agrarreform — die Schaffung eines selbständigen bäuerlichen Grundbesitzes. Die Durchführung dieser großen Reformen bewahrte das Land und nicht zum wenigsten seine bald zu ansehnlichem Wohlstande gelangende freie Bauernschaft vor der Gefahr, daß ihm und ihr auf dem Verordnungswege die unselige russische Agrarverfassung, der "Mir", aufgenötigt wäre — jene, jede gedeihliche Entwicklung unterbindende Verquickung von ländlichem Kommunismus und von Familienbesitz. — In Land und Stadt sorgten die autonomen deutschen Körperschaften in stetem Zusammenhange mit der evangelischen Kirche des Landes für die Schule. Mit einem Erfolge, der, wie eingangs erwähnt wurde, die Volksbildung annähernd auf die Höhe der deutschen hob.

Nicht aus dem Lande selbst kamen daher dem Deutschtum die Gefahren. Der erste Versuch, dem blühenden Baum baltischer Eigenart die Axt an die Wurzel zu legen, ist seitens der russischen (griechisch-katholischen) Kirche geschehen. — In den vierziger Jahren des vorigen Jahrhunderts herrschte nach mehreren Mißernten eine arge Notlage im Lande. Diese suchte man auszunutzen: Sendboten von Osten verhießen den Mißvergnügten alle möglichen Erleichterungen, wenn sie „des Kaisers Glauben" annehmen wollten. Es braucht wohl kaum erwähnt zu werden, daß den Betörten, die vom saksa usk (deutsches, eigentlich sächsisches Bekenntnis) zum wenne usk (russisches Bekenntnis) sich hatten verleiten lassen, nichts — rein gar nichts von all dem zuteil wurde, was ihnen verheißen war. Nur die Zwangslage blieb. Denn ein Zurück gab es nicht mehr. Dafür sorgte das Strafgesetz.

Es war den Enttäuschten ein geringer Trost, daß später ihnen hier und da gestattet wurde, in ihren neuen „rechtgläubigen" Gottesdiensten ihre lieben alten evangelischen Kirchenlieder — in ihrer Muttersprache — zu singen. Beiläufig: ein nach russischer kirchlicher Anschauung ganz unerhörter Vorgang.

Diese Konversionen hatten als unvermeidliche — und wohl auch nicht ungewollte — Folge bald schwere kirchliche und rechtliche Nöte hervorgerufen. Pastorenmaßregelungen, oft ohne Gericht, „auf administrativem Wege" wie das in

Rußland so schön heißt. Oft aus herzlichem Mitleid mit
denen, die ihr altes Bekenntnis um weniger als ein Linsen=
gericht dahingegeben hatten und nun in ernster Gewissens=
not zu ihm zurückkehren wollten, oft auch über die persön=
lichen Verhältnisse der einzelnen nicht unterrichtet oder
getäuscht, hatten bald zahlreiche evangelische Pfarrer durch
kirchliche Handlungen gegen das Gesetz gefehlt. Es gab eine
Zeit, in der 65 vom Hundert der evangelischen Pfarrer des
Landes wegen solcher Vergehen zur Verantwortung gezogen
und oft hart bestraft wurden.

War der innere Gewinn der russischen Kirche aus den
Konversionen auch kein großer, der nunmehr auf die Nieder=
werfung baltischer Eigenart sinnende Staat fand doch in der
Zwiespältigkeit des Bekenntnisses und in deren Folgen schon
eine erwünschte Vorarbeit, als er — in den siebziger Jahren
— nun auch an die politische Russifizierung des Landes ging.

Zuerst tastend, vorsichtig, bald aber unter dem Beifall
der russischen Hetzpresse, und wohl auch gedrängt durch sie
und ihre Hintermänner, in stetig steigendem Maße.

Im Jahre 1875 wurde durch Aufhebung des General=
gouvernements die historische Verwaltungseinheit der drei
Provinzen zerstört. Hiernach wurden die Regierungsbehörden
(im Lande!) russifiziert, später die Stadtverwaltungen, ebenso
die Polizeiverwaltungen, bei denen die bisherige Wahl der
Beamten auf dem flachen Lande durch Regierungsernennung
beseitigt wurde. Im Jahre 1878 wurde die auf moderner
Grundlage beruhende russische Städteordnung eingeführt an
Stelle der bisherigen Verwaltung durch den Rat der Städte,
welcher von da ab bis zu seiner Auflösung im Jahre 1889
nur seine bisherigen Gerichtsfunktionen behielt. Diese neue
Städteordnung hätte, wenn dauernd richtig gehandhabt,
einen wirklichen Fortschritt bedeutet. Ein solcher war sie
zunächst auch, wohl in allen Städten, bis eine Reform des
Wahlrechtes die nach Bildung und Besitz berufensten Kreise

von der Anteilnahme an der städtischen Selbstverwaltung zurückdrängte. Die von oben und nun auch von unten — sogar von ganz unten — gewollten Folgen dieser „Verbesserung" des Wahlrechtes haben sich, zumal in Reval und einigen kleineren Städten, in einer Weise schon gezeigt, die den Urhebern selbst, besonders in finanzieller Hinsicht, höchst bedenklich erscheinen muß. Riga und Dorpat haben es bisher verstanden und vermocht, die Segnungen dieses neuen Wahlrechtes trotz seiner Anwendung von sich abzuwenden. Aber, wie lange noch?

Im Jahre 1889 folgte die Russifizierung des gesamten Gerichtswesens. Sie hatte, zumal dank der Eignung der „aus dem Inneren" zahlreich herbeiströmenden, der drei Landessprachen meist unkundigen Gerichtsbeamten Zustände zur Folge in der gesamten Rechtspflege, die schlechtweg als ungeheuerlich bezeichnet werden müssen.

Der allerschwerste Schlag war aber die in den achtziger Jahren beginnende, rast- und rücksichtslos durchgeführte Russifizierung des gesamten Unterrichtswesens. Ihr fielen sämtliche öffentlichen und privaten Schulen, niedere und höhere, deutsche, estnische und lettische zum Opfer. Gekrönt wurde dieses Zerstörungswerk durch die Russifizierung, richtiger die Vernichtung der Universität Dorpat in den neunziger Jahren. Nicht einmal ihren alten Namen behielt sie. Dieses Gebilde heißt heute Jurjew. Zu seiner Kennzeichnung lassen Sie mich hier nur eines anführen: in der juristischen Fakultät findet sich heute nur die Hälfte der etatsmäßigen Dozenten und seit zehn Jahren keine Möglichkeit, das baltische Provinzialrecht (Privatrecht) vorzutragen, einen der allerwichtigsten Lehrgegenstände. In diesem Zusammenhange darf erläuternd bemerkt werden, daß in den Provinzen das — veraltete — Strafrecht durch ein in der Theorie modernes russisches ersetzt ist, für das Privatrecht aber ein gleiches sich nicht tun ließ, weil dem entwickelten wirtschaftlichen Leben der drei Provinzen das russische Privatrecht selbst von Petersburger Amtsstellen aus schlechterdings nicht aufgezwungen werden konnte, schon im Hinblick auf das in den Ostseeprovinzen viel entwickeltere Obligationen- und Hypothekenrecht. Was aber sollen nun die aus dem Innern des Reiches in die Provinzen gekommenen russischen Richter mit diesem Provinzialrecht der Ostseeprovinzen anfangen, das sie nicht kennen und auch in Jurjew nicht kennen lernen können?

Aber an der Universität muß es ja auch so „gehn"! Zumal die Studentenschaft der jetzigen Universität sich spärlicher — meist noch in der medizinischen und theologischen Fakultät — aus dem Lande selbst ergänzt, vielmehr meist aus dem Inneren. Und dieses liefert keineswegs seine besten Söhne nach Jurjew: Zöglinge der anerkannt minderwertigen russischen geistlichen Seminare erhielten das Recht zum Universitätsstudium — zu jedem Studium, aber nur an den Universitäten Jurjew und Tomsk. Tomsk in Sibirien. Die Folgen waren bisher unerhörte Vorgänge: revolutionäre Studentenstreiks nach innerrussischem Muster, revolutionäre Versammlungen in der jedem alten „Dorpatenser" als Weihestatt geltenden Aula der Universität. — Auch hier und auch jetzt schien das Wort Scheremetjews zu gelten: „nétschewo rasorátj!"

Die Ritterschaften zogen die Folgen solcher Geschehnisse: sie ließen die von ihnen begründeten und erhaltenen Schulen, die Landesschulen, die Lehrerseminare eingehen. Die beiden livländischen Landesgymnasien, das kurländische Landesgymnasium und das estländische, die älteste Schule des ganzen Landes, die durch fast sieben Jahrhunderte in Ehren bestandene estländische Ritter- und Domschule in Reval verfielen diesem Schicksal. Es war unabwendbar, wollte das Deutschtum nicht sich selbst aufgeben.

Die Städte waren nicht in der Lage, ihre Schulen aufzugeben. Sie mußten sie als russische weiterführen. Die ganze Jugend aber des Landes bis auf die wenigen Russen hatte keine Möglichkeit mehr, in der Muttersprache eine Schulbildung zu erhalten.

Denn wo sich, namentlich in deutschen Familien, ein „Zirkel" auftat, wurde er zunächst auf jede denkbare Weise behelligt, schließlich wurde die Bildung solcher, fast geheimer, kleiner Privatschulen ganz unmöglich gemacht.

Und was wurde als Ersatz geboten? Den Wert der russisch gemachten Schulen, namentlich der Volksschulen kennzeichnet die Tatsache, daß in der baltischen Revolution, obgleich die staatliche Ordnungshilfe viel zu spät eingriff und obgleich die Ahndung oft ausgeblieben ist, allein in Lettland 23 Lehrer kriegsgerichtlich zum Tode verurteilt werden mußten. . . .

Das zielbewußte Zerstörungswerk schien vollendet, — die Semmel Alexanders III. endgiltig zusammengedrückt. Und doch ist die Zeit gekommen, da sie, tatsächlich von selbst, nur aus eigener Kraft, sich wieder auszudehnen, ihre frühere Gestalt anzustreben begann.

Mitten in den Greueln der sinnlosen estnisch-lettischen Revolution[1], der mehr zum Opfer fiel als die zweihundert

---

[1] In diesem Vortrage, dessen Endzweck die Schilderung des Verteidigungskampfes baltischen Deutschtums durch die Arbeit der deutschen Vereine im Lande ist, konnte die baltische Revolution — soweit das notwendig war — nur gestreift, nicht ausführlicher besprochen werden. Eine besonders beachtenswerte Beurteilung jener wilden Zeit und ihrer Bewegung findet sich dagegen in Professor W. von Rohlands Schrift: Das baltische Deutschtum. (Leipzig, Verlag von Duncker & Humblot 1906.) Dieser Vortrag wurde wohl unmittelbar nach der Revolution gehalten. Er bietet fortgesetzte Ausblicke auf sie.

Weiter darf hier hingewiesen werden auf die gleichfalls in jenen Tagen herausgegebene illustrierte Sammlung von Aufsätzen: „Die deutschen Balten." Herausgegeben von A. Geiser. (München, J. F. Lehmanns Verlag, 1906.)

ausgeraubten und ausgebrannten Edelsitze, mehr als un=
gezählte Werte in Stadt und Land, die das gegenseitige
Vertrauen der Bevölkerungsgruppen vernichtete für lange
Zeit — mitten in den Schrecken jener wüsten Tage, vor nun
sechs Jahren, erstanden die deutschen Vereine im Lande.

Als der „Deutsche Verein in Estland," damals „estländischer
deutscher Bildungsverein" sich nennend, fast auf den Tag
genau heute vor sechs Jahren, am 30. September alten
Stiles, also am 13. Oktober 1905 begründet, im Spätherbst
des Jahres zu seiner ersten ordentlichen Versammlung
zusammentrat, da leuchtete den Teilnehmern der lodernde
Feuerschein des von deutsch= und kulturfeindlicher Hand in
Brand gesetzten deutschen Interimstheaters, des Ersatzes für
jenes gleichfalls in der Revolutionszeit in Flammen auf=
gegangene alte deutsche Theater, das, von August von Kotzebue
mitbegründet, eine auch in Deutschland anerkannte Stätte
deutscher Kunst und Kultur gewesen war. Die deutsche
Gesellschaft Revals und Estlands hat es aus Eigenem ver=
mocht, daß unbeschadet der großen Arbeit und Leistungen
des „Bildungsvereines" in kaum fünf Jahren nach diesem
zweiten Brande ein stattlicher Steinbau dastand — das
deutsche Theater, welches vor etwa vier Wochen mit Hebbels
„Nibelungen" seine heurige Spielzeit, seine zweite Winter=
spielzeit schon, würdig eröffnet hat.

Bald nach dem estländischen deutschen Bildungsverein,
dessen hauptsächlichster geistiger Urheber Eduard Baron Stackel=
berg auch heute noch an seiner Spitze steht, erstanden ähn=
liche in Livland und Kurland.

Wie war das überhaupt möglich?

Die fünf mächtigen Strophen, mit denen der vorliegende Vortrag abschließt,
sind mit freundlicher Genehmigung der Verlagsbuchhandlung einem in jener
Sammlung enthaltenen Gedichte Wildenbruchs entnommen.

Die Revolution in Rußland hatte der Regierung Zugeständnisse abgenötigt. Das angeblich „neue" Rußland — dessen unfügsame und wohl auch wirklich ungefüge erste zwei Volksvertretungen von der in der Theorie liberal sich gebärdenden, in der Praxis immer reaktionärer wirkenden Regierung Stolypins bald heimgeschickt wurden — das „neue" Rußland hatte ja erstehen müssen.

Lassen Sie mich in diesem Zusammenhang anführen, daß nun bald auch die Möglichkeit des Austrittes aus der russischen Kirche sich den Zwangsorthodoxen und deren Kindern eröffnete. Eine gesetzliche Möglichkeit, der durch die Ausführungsbestimmungen zwar manche Behinderungen beigefügt wurden, die aber doch schon zahlreiche Rücktritte zum evangelischen Bekenntnis zur Folge hatte.

Nun war auch die Möglichkeit der Eröffnung deutscher Schulen im Lande wieder erstanden. Die deutschen Kirchenschulen in Petersburg und Moskau waren durch Maßregelungen kaum betroffen worden. Die Ritterschaften zögerten nicht, die Landesgymnasien wieder zu eröffnen.

Freilich, eine große neue Schwierigkeit liegt auch jetzt vor: staatliche Rechte können nur durch Ablegung der Prüfungen in russischer Sprache — auch das Maturitätsexamen in allen Fächern in russischer Sprache — erlangt werden. Die Schwierigkeit für die in deutscher Sprache arbeitenden Lehrer und erst recht für die Schüler ist größer, als sie auf den ersten Anblick erscheint. Sie wird aber meist erfolgreich überwunden durch Wiederholungskurse der verschiedenen Lehrfächer in russischer Sprache und durch den Eifer der deutschen Lehrer und Schüler.

Das offiziell neue Rußland mußte sich auch zu einem zeitgemäßen Vereinsrecht verstehen. Auf Grund dieses neuheitlichen Rechtes entstanden nun, noch mitten in den Stürmen der zweiten Revolution, der ebenso wüsten wie törichten estnisch-lettischen, die drei großen deutschen Bildungsvereine im Lande. Diese drei baltischen Vereine sind ganz auf sich selbst und ihre eigene Kraft angewiesen. Hilfe von auswärts, selbst wenn solche kommen wollte, dürften sie sich schon aus Selbsterhaltungsgründen jetzt nicht bieten lassen.

Um die Leistung dieser Vereine, in denen seit ihrer Gründung alle deutschen Stände, ja fast alle Deutschen des Landes in gegenseitigem Sichverstehen in ernster, sachlicher Arbeit sich zusammenfinden, um die Leistung und die bisherigen Erfolge dieser deutschen Vereine annähernd zu würdigen, müssen wir im Auge behalten, daß die Zahl der Deutschen im Lande, wie wir im Anfang der heutigen Darlegungen sahen, eine absolut und relativ geringe, die wirtschaftliche Leistungsfähigkeit gerade der Deutschen dort durch die Wirren arg geschwächt ist.

Und doch! Es muß auch für den Fernerstehenden erhebend ein zu sehen, was dort zähes, seiner selbst bewußtes Deutschtum im schweren Kampfe um sein Dasein für seine beste Zukunft leistet.

Die Vereine in Kurland und vollends in Livland sind naturgemäß die größeren, aber lassen Sie mich heute gerade vom kleinsten dieser Vereine reden, dem deutschen Vereine in Estland.

Seine Jahresberichte, diese unscheinbaren Heftchen hier, reden in ihrer ruhigen Sachlichkeit, durch ihr sorgfältig zusammengestelltes Zahlenmaterial eine gewaltige Sprache.

Befürchten Sie nicht, daß nun die Zahlenreihen dieser Berichte vor Ihnen aufmarschieren sollen! Es scheint völlig ausreichend, hier die Endzahl des letzten Berichtes (für das Vereinsjahr 1909/10) zu nennen: Die Gesamtkosten aller Betriebe in diesem Berichtsjahre — des deutschen Vereins in Estland, des kleinsten der drei Vereine — weisen 74153 Rubel 60 Kopeken aus, also fast 186000 Kronen. Und das bei

einer Anzahl der Deutschen in Estland von wohl knapp
16000 Seelen[1].

Mehr noch als diese Leistung an Geld scheint mir die
Arbeitsleistung zu gelten, die zielbewußte Organisation, die
stille, rastlose Tätigkeit der deutschen Frauen und Männer dort.

Der deutsche Verein in Estland hat in den sechs Jahren,
die er nun gerade besteht, seine Tätigkeit erweitert und dem
entsprechend seinen Namen geändert. Der „estländische deutsche
Bildungsverein" wurde schon im ersten Jahre zum „est=
ländischen deutschen Schulverein". Und auch jetzt, wo er als
„deutscher Verein in Estland" sich weitere Ziele hat stecken
können, ist und bleibt seine Arbeit für die deutsche Schule
im Lande die Hauptsache, die erste Aufgabe.

Neben den sonstigen wieder= oder neuerstandenen deutschen
Schulen in Stadt und Land erhält der deutsche Verein in
Estland fünf eigene Schulen verschiedener Ordnung in der
Stadt Reval; außerdem in den kleineren Orten des Landes
sieben Schulen, unter welchen eine zum Progymnasium er=
weitert werden soll.

Außerdem Kinderhorte (Kindergärten), Büchereien, Vor=

---

[1] An dem Tage, da in Innsbruck dieser Vortrag gehalten wurde, ist
von Reval aus der Bericht über das Vereinsjahr 1910/11 zur Versendung
gelangt. Er bringt die Schilderung des vom D. V. i. E. mit vollem Recht
als Fest begangenen fünften Jahrestages am 30. September a. St. 1910,
welcher dem Gedenktage der zweihundertjährigen Zugehörigkeit des Landes
zu Rußland unmittelbar folgte. Die Reden bei jener Feier des D. V. i. E.
sind vom gleichen Geiste getragen wie seine Tätigkeit auch im neuesten Be=
richtsjahre: einig, unermüdlich, zäh.

Der Arbeitsbericht auch dieses Jahres bietet ein ermutigendes Bild
sicheren, ruhigen Vorwärtsschreitens auf allen Tätigkeitsgebieten.

Dieser Geist ruhig festen Schaffens darf auch hier wohl gekennzeichnet
werden durch die Worte, welche W. von Samson=Thula in seiner an jenem
Festabende des D. V. i. E. verlesenen Dichtung die Pflicht zum deutschen
Michel sprechen läßt:

„Mit dem Schwerte wirst du's nicht erreichen,
Aber mit dem Schilde schirme dir
Deine breite Brust und glaube mir:
Siegen wirst du nur in meinem Zeichen!"

tragsabende. Einen mit außerordentlichem Erfolge arbeitenden Frauenverband.

Er besitzt in Reval ein großes — sogar sehr großes — Schulgebäude mit Baugrund für weitere Schulhäuser, in Leal ein eigenes Schulhaus, er errichtet eben in Weißenstein ein neues Gebäude für sein dortiges Progymnasium.

Solchen Aufgaben gegenüber, mit denen die Leistungen des Vereins keineswegs erschöpft sind, wie wir noch sehen werden, mußte der Verein nicht ohne finanzielle Sorge in das letzte Berichtsjahr 1909/10 treten — wies dieses im Voranschlage doch einen Fehlbetrag von fast 14 000 Rubeln (35000 Kronen) auf. Es bedurfte aber nur des Hinweises auf diese Tatsache, um bis zum Schlusse des Rechnungsjahres den Fehlbetrag bis auf einen ganz geringfügigen Rest durch Sonderspenden aus Mitgliederkreisen aufzubringen.

Die Arbeit für die deutsche Schule und das deutsche Haus (Familienpflege) bleibt Hauptzweck.

Dazu kommt nun noch neuerdings außer der schon früher bestandenen Arbeitsvermittlung die Wohnungsfür= sorge (deutsche Familienhäuser mit Einzimmerwohnungen für die Ärmsten), Kleiderdepot, Mittagstisch und Ferienheim. Sie sehen, eine Fülle deutscher und sozialer Arbeit.

Weiter zur wirtschaftlichen Stärkung des auch auf diesem Gebiete hart bedrängten Deutschtums — trägt das neueste Rußland sich doch allen Ernstes mit dem Gedanken der „Nationalisierung des Kredits," d. h. der Kreditentziehung allen nicht der russischen Nationalität angehörenden Staats= bürgern gegenüber — weiter also als wirtschaftlicher Schutz: der deutsche Gewerbeverein und die „Gesellschaft für Grund= besitz." Diese soll zweite Hypotheken beschaffen, namentlich aber den deutschen Grundbesitz erhalten helfen.

Sie sind, verehrte Anwesende, vielleicht etwas ermüdet von der bloßen Aufzählung all dieser verschiedenen Arbeits=

zweige — Gott sei's aber gedankt: unsere deutschen Volks=
genossen dort in der Ferne werden nicht müde in ihrer
Arbeit und haben noch Sinn für fremde Not, zumal wenn
es sich um die deutsche Schule handelt. Es wird den gegen=
wärtigen Mitgliedern des Vorstandes der Ortsgruppe Inns=
bruck des Luthervereines wohl dauernd in lichter Erinnerung
bleiben, welchen wahren und tiefen Widerhall unser erster
Werbebrief dort im Lande fand. Mehr als die Mitglieder=
beiträge, die nun auch dorther kamen und kommen — und
die manchem dort vielleicht als ein Raub am eigensten er=
scheinen möchten — viel mehr wiegt das herzliche Verstehen,
das unsere Bestrebungen für eine deutsche — weil unrömische —
Schule dort fanden und das sich so schlichten und doch so
starken Ausdruck zu geben wußte. Ich muß gestehn, wenn
es erlaubt ist, kleineres mit größtem zu vergleichen, damals
in den Maitagen des Jahres 1910 ging mir das Verständnis
auf, wie unser deutscher Luther seinen berühmten Brief über=
schreiben konnte und mußte: „an die auserwählten,
lieben Freunde Gottes, allen Christen zu Righe, Rewell
und Tarbthe in Liefland."

Wohl scheint es ein lichtes, jeden deutschfühlenden er=
frischendes Bild, das ich Ihnen vorführen durfte — aber, ihm
fehlen auch nicht die tiefen Schatten. Das „neue" Rußland
wird ja immer mehr zum alten, reaktionär=absolutistischen.
Wie der hochbegabte, kraft= und mutvolle Peter Arkadijewitsch
Stolypin aus einem liberalen Minister ein scharfer Rück=
schrittler und ein Bedrücker der nichtrussischen Nationalitäten
im Reiche wurde — vielleicht werden mußte —, so werden
jetzt, da er durch das unsinnige Verbrechen in Kiew zum
„Märtyrer" geworden ist, seine voraussichtlich schwächeren
Nachfolger noch weniger als er der im neuesten Rußland
modernen fremdvölkerfeindlichen Bewegung widerstehen
können, — in ihrer Begünstigung, mehr noch als in früheren

Zeiten, die Ablenkung suchen von den Wirrnissen im Innern des „Kolosses auf tönernen Füßen".

Der erste Nachfolger Stolypins hat freilich gerade in den allerletzten Tagen anscheinend halbamtlich verlautbaren lassen, in Finnland beabsichtige die Regierung eine „Versöhnungspolitik". Aber dieses schöne Wort ist südlich des finnländischen Meerbusens von stärkeren russischen Regierungen als die gegenwärtige es sein kann, zu oft schon mißbraucht worden, als daß ihm auch nur vorübergehend Glauben geschenkt werden dürfte.

In allem Ernst aber der Lage des bedrohten Deutschtums dort dürfen wir wie unsere fernen Stammesbrüder die Zuversicht hegen, daß in kommenden noch schwereren Kämpfen, im kulturellen Kampfe auch gegen das deutschfeindliche Letten- und Estentum, das Deutschtum sich selbst **nicht aufgibt** — trotz allem!

Wir dürfen aus dem, was das Deutschtum dort geleistet hat und leistet, den Glauben entnehmen, daß auch in Zukunft wahr bleiben wird, was der deutsche Dichter Ernst von Wildenbruch in der schaurigen Schreckenszeit baltischer Revolution gesungen hat „von den deutschen Balten und ihren Verfolgern":

> Da wurde das Land, das des Deutschen Hand
> Zum Garten erschuf, eine Wüste voll Grausen,
> Da wurde die Stadt, wo die Sitte gewohnt,
> Eine Stätte, wo brüllende Rotten hausen.
>
> Sie strichen das Blut aus Bart und Haar:
> „Der Deutsche ist tot und kommt nicht wieder."
> Und als die Mörder gesprochen so,
> Da kam ein Lachen vom Himmel hernieder:
>
> „Ihr Toren und Narren, die Ihr wähnt,
> Ihr könntet den Geist mit der Faust vertreiben, —
> Wie die Sonne über der Erde bleibt,
> Wird der Deutsche über Euch sein und bleiben.

Ihr Toren und Narren, die Ihr wähnt,
Ein ruchloser Tag könne enden und wenden,
Was ein herrliches Volk jahrhundertelang
Mit dem Herzen erschuf, mit Kopf und Händen:

Es wird kommen der Tag, und mit dem Tag
Zu seinem Land wird der Deutsche kommen
Und wieder sich nehmen mit zürnender Hand,
Was raubende Hände ihm heute genommen." ...

Printed by Libri Plureos GmbH
in Hamburg, Germany